AF599780

JOSÉ MANUEL LUCÍA MEGÍAS

EL HOMBRE QUE YO AMO

José Manuel Lucía Megías

JOSÉ MANUEL LUCÍA MEGÍAS nació en Ibiza (1967), aunque su vida ha estado ligada a Madrid, Segovia, Badajoz y Barcelona. En el año 2000 publicó su primer poemario: *Libro de horas* (Calambur), al que le han seguido *Prometeo condenado* (2004); *Acróstico* (2005); *Canciones y otros vasos de whisky* (2006); *Cuaderno de bitácora* (2007); *Trento (o el triunfo de la espera)* (2009, reeditado en el 2023); *Tríptico* (2009); *Y se llamaban Mahmud y Ayaz* (2012, 3ª ed. 2013; reeditado en 2019); *Los últimos días de Trotski* (2015), *Versos que un día escribí desnudo* (2018, 2ª ed. 2020), *Aquí y ahora* (2020, reeditado con traducción al chino en 2023), *Elogio del instante* (2021), *Flores en el asfalto* (2021), y se ha reeditado con traducción al chino su libro: *Diario de un viaje a la tierra del dragón* (2022). En el año 2022 obtuvo el XLI Premio Internacional de Poesía "Juan Alcaide" con el poemario *El fin es solo un accidente* (2022), y en el año 2023 ha publicado *Kabul. Crónica de un silencio,* que obtuvo el Premio Estandarte al Mejor libro de poesía publicado este año. En 2017 ha reunido toda su poesía en *El único silencio (1998-2017)*, y al año siguiente se ha publicado una antología de su obra, realizada por Pablo Moro: *Yo sé quien soy. Inventario de una noche* (Madrid, 2018). Ha editado la poesía del poeta colombiano Jaime Jaramillo (Valencia, Pretextos, 2000) y la *Poesía completa* de José Luis Sampedro (Barcelona, Plaza & Janés, 2020). Ha traducido a Cesare Pavese y a Mihail Eminescu, además de a varios poetas medievales. Varios de los poemas de *Tríptico* han sido puestos en escena por el grupo de teatro Aldaba, en el espectáculo teatral *Del amor y sus demonios*. Por su parte, *Y se llamaban Mahmud y Ayaz* ha sido llevado al teatro con el título *Voces en el silencio*; y *Flores en el asfalto*, con dirección de Daniel Migueláñez y protagonizado por Pablo Moro, ha sido estrenada en el año 2021. Ha participado en varios recitales poéticos en Brasil, Argentina, Colombia, Francia, Italia, Israel, Túnez, Uruguay y España, y sus poemas se han publicado en antologías y revistas de Europa, América y Asia. Su poesía ha sido traducida al árabe, chino, francés, hebreo, inglés e italiano. Es co-director del grupo de investigación UCM "Poéticas de la modernidad: De la Edad Media a José Ángel Valente" y durante los años 2022 y 2023 ha sido Presidente de la Sección de Literatura del Ateneo de Madrid. Más información: https://www.ucm.es/jmluciamegias/poesia

JOSÉ MANUEL LUCÍA MEGÍAS

EL HOMBRE QUE YO AMO

HUERGA & FIERRO editores

Diseño de Colección: Huerga y Fierro

Primera edición: 2025

C/Sebastián Herrera, 9
28012 Madrid-España
Telf.: 91 467 63 61
www.huergayfierro.com
huerga@huergayfierro.com

I.S.B.N.: 979-13-990442-1-8
Depósito Legal: M-12097-2025
Impreso en Romadac Industria del Libro
Impreso en España/Printed and made in Spain

EL HOMBRE QUE YO AMO

El poema es, por definición, una intimidad confesada.
Pero una intimidad suya —del propio poema—, y que excluye,
e incluso suplanta a la de quien lo ha escrito.
MARÍA VICTORIA ATENCIA

Y el mar recordó ¡de pronto!
el nombre de todos los ahogados.
FEDERICO GARCÍA LORCA, *POETA EN NUEVA YORK*

ÍNCIPIT. PLACERES PROHIBIDOS

Diré cómo nacisteis, placeres prohibidos,
como nace un deseo sobre torres de espanto.
LUIS CERNUDA, *La Realidad y el Deseo*

Mientras leo
una vez más
versos entre la realidad y el deseo,
dos jóvenes
se besan
sobre la arena de la playa.
Sus cuerpos,
de una juventud no agotada,
habían sido horizonte,
olas y
risas durante la tarde.

Y ahora son
un beso,
un prolongado beso
sobre la arena de una playa aún no contaminada.

Sus manos acarician las espaldas bronceadas
y los límites intuidos en la frontera de los bañadores.

Y los labios
se vuelven medusas de un mar transparente.

Y se besan
sin cerrar los ojos.
Mirándose

y sintiendo cómo se vuelven
uno
entre tanta lengua.
Y,
a lo lejos,
un niño no deja de golpear
la misma arena de esta misma playa
a la espera de un beso que nunca llega.

Y dos mujeres
pasean su edad por la orilla
y vuelven la cara al pasar delante de aquel beso:

espejo de los besos que
nunca
se atrevieron a darse,
de los besos
que permanecen vírgenes en sus labios,
sobre la arena remota de sus playas infantiles
y en las camas
ancianas
de sus dormitorios mudos.

Y mientras,
los jóvenes,
bronceados y tersos,
devoran su juventud con aquel beso sobre la playa.

Como si fuera el último.

Cuando,
en realidad,
es solo el primero.

EL NIÑO QUE LLEVO DENTRO

El niño que llevo dentro
se ha pasado toda la noche llorando.

Por primera vez.

Un llanto más allá de los párpados del tiempo.

Un llanto que atraviesa las paredes de la infancia
y vuelve agua las esquinas de las fotografías
que mi abuela enmarcaba en el aparador de su casa.

En medio del camino de mi vida,
la noche
vuelve a dar forma a la sombra de aquel niño
que se volvió invisible en los álbumes familiares,
y que hizo
del silencio
una ceremonia.
De las palabras nunca pronunciadas,
el espejo de la vida.

Mudo.
Invisible.
Como sus interrogantes uñas mordidas.

Esta noche ha despertado el niño que llevo dentro,
al que había sepultado bajo la harina del recuerdo,
con las lágrimas que nunca me había permitido derramar

en silencio,
en la soledad
inútil
de los baños públicos,
o en los abrazos nocturnos
de un pecho apenas acariciado.

Unas lágrimas que
esta noche
han desenterrado
aquellos recuerdos que
un día
entregué a la tierra
y que
en la tierra
sepulté junto a aquel niño que llevo dentro.

Y todo en silencio.

Siempre el silencio
después del cuerpo desbordado,
amenazante,
deseado en las tardes lluviosas alrededor del brasero,
olvidado bajo las sábanas blancas de tantos secretos.

El niño que llevo dentro
no ha dejado de llorar
durante toda la noche,
haciendo temblar las paredes de hormigón
del olvido
y del estrépito.

Y estas lágrimas
se mezclan,
por fin,
con los versos
que
nunca
he dejado de escribir,
llenando de tinta azul las lunas llenas de los dedos.

En silencio,
siempre,
siempre,
en silencio.

Hasta ahora.

Hasta esta noche en que me han despertado
las lágrimas del niño que
aquí y ahora
llevo dentro.

HEROÍSMO

Mas quizá la fe no importe tanto.
¿Qué dirán de ti, ahora en la antigua paz de un claustro?
La palabra exacta —entre irredenta estulticia—
se oirá muy pocas veces: Heroísmo.
LUIS ANTONIO DE VILLENA, *Como a lugar extraño*

Recuerdo
que te quedabas mirando al infinito.
O al menos es lo que yo imagino
al verte así:
Con la mirada perdida más allá de la ventana,
clavada en un horizonte que supera el marco.

La cabeza en alto,
el cuello tenso
y el bolígrafo en la mano sobre el cuaderno,
a punto de escribir un verso,
el fantasma de un verso.

Solo en la salita de estar, arropado por las faldas de la camilla
y el ruido de platos
y de cazuelas
en la cocina.

Siempre solo.

Con tus libros.
Esos que eran tus amigos a la salida del colegio.

Con tus historias.
Esas con que sustituías los goles del fútbol
y los cumpleaños a los que
nunca
estabas invitado.

Recuerdo que,
entonces,
en aquellas tardes de otoño,
esas tardes de nubes barrocas que anuncian tormentas literarias,
ya empezabas a pensar en mí,
en ese tú empeñado en cumplir años,
ansioso por ver también cumplidos
uno a uno
todos tus sueños.

Ese tú que,
año a año,
veía apagarse una decepción en la tarta,
como decepcionantes eran tus solitarios cumpleaños,
sin risas
ni carreras,
ni confesiones
de esos compañeros
que nunca llevabas a casa,
que nunca te atrevías a llevar a casa.

Recuerdo que
nunca
te vi llorar.
Hasta ahora.

Ni cuando te dieron la noticia de la muerte de nuestro padre
o la ausencia de tu gato en el hueco cotidiano de nuestra cama.

Habías llorado ya todas las lágrimas antes de derramarlas.

Pero hacías como que llorabas,
imitabas gestos de dolor
                                        ensayados ante el espejo,
solo porque no querías ser diferente,
no querías ser,
                        también en esto,
                                                    diferente a tus compañeros de clase.

Pero nunca te vi llorar,
                                        ni en la soledad de los baños
ni en los recreos solitarios en las esquinas de un abrazo.

Hemos compartido muros de soledad
                                                          y de miedo.

En silencio.
                    Siempre
                                  en silencio.

Recuerdo
                tus sueños
                                  porque fueron los míos por aquellos años.

Esos sueños que
                          hoy
                                se han vuelto lágrimas.

En un gesto impensado. Lleno de versos. Heroico.

AL COMPAÑERO EN LA ÚLTIMA FILA DE LA CLASE

Se sentaba siempre en la última fila de la clase.
En la última silla,
al lado de la última ventana.

Era el primero en llegar.
Todos los días.
Puntual como la hoja de un calendario.

Desde el primer día había roto el orden cuadriculado
que imponía el alfabeto heredado de nuestros apellidos,
ese orden cambiante por las lecciones de la obediencia,
que nos enredaban a base de premios y de castigos.

Nunca pensé que podría olvidar su nombre,
ese nombre
que repetía tan solo por el placer
de saberlo a todas horas entre mis labios…
pero lo he olvidado.

Nunca imaginé que su cara llegaría a confundirse
con la de esos otros compañeros que
siempre
sonreían
ante el gesto desesperado de un golpe en la espalda...
pero así ha sucedido.

Pero aún hoy,
como si
siempre
hubiera sido hoy,
sigo sintiendo la misma emoción al entrar en clase
y verle allí,
sentado en su pupitre,
esperando,
con esa ropa que le estaba
siempre
demasiado grande,
con ese chándal que cubría
siempre
el tacto de sus piernas.

Era el primero en sonreírme por las mañanas.
El único.

Nunca he dejado de amarle.

Nunca he dejado de mover la silla
y mi pupitre
para verle
a cada momento,
entre clase y clase,
para imaginármelo mientras terminaba un problema
y ponía la cifra insultante al final del cuaderno.

Aunque ya no recuerde su nombre,
ni su cara,
ni su sonrisa,
y mucho menos el tacto efímero de sus manos.

Fue mi primer amor,
                                        el primero de tantos deseos silenciados,
el primero con quien sentí la necesidad de permanecer cerca,
de juntar nuestros labios tan solo para respirar su aliento.

Seguro que por aquellos años le escribí poemas de amor.
Mis primeros poemas de amor.

Aún hoy se los sigo escribiendo.

¿CÓMO ESCRIBIR DESDE EL SILENCIO?

¿Cómo se escribe
desde el silencio,
desde las conversaciones y complicidades
que nunca hemos compartido a lo largo de estos años?

Cogido a tu mano,
a tu mano de uñas rojas
y de profundos pinchazos de agujas nocturnas,
intento seguir tu paso por la calle camino de la iglesia.

Es domingo.
Un domingo más en una semana
de cualquier mes en un pueblo con calles de barro.

Con mi pantalón corto y mis zapatos relucientes,
mis calcetines blancos y el flequillo bien esculpido,
intento estar a la altura de tus tacones
y del ritmo ondulante del abrigo recién cosido
sobre una falda que hace unos días era solo un patrón
y que esta mañana,
esta primaveral mañana de domingo,
parece una bandera roja sobre el gris del asfalto.

Llegamos tarde
(o quizás demasiado temprano),
pero lo cierto es que llegamos corriendo,
y mis cortos pasos no te alcanzan la sombra

de una desafiante sonrisa, de una mano que me aprieta,
de la rabia contenida y los insultos
nunca
pronunciados,
ese cerrar las puertas y darle la espalda a la cama,
los reproches como el maquillaje barato en el espejo
en la ceremonia diaria de las máscaras heredadas.

Pero no debo quejarme.
No puedo quejarme.
Y mucho menos llorar.
Y mucho menos soltarme de esta mano
que recorre el camino cuadriculado de las baldosas.

Sentados en uno de los primeros bancos de la iglesia,
observo tu perfil, tus labios rojos y la nariz compartida,
y tu mirada perdida en una esquina del altar,
y tus manos,
abandonadas sobre la falda,
como dos aves que sobrevuelan un campo de amapolas.

Y te miro mientras acaricio mi mano torturada,
la que todavía conserva en la palma tu perfume.

Y te miro asombrado porque sé que no estás aquí,
que ya has volado por encima de las promesas
y de las decepciones que esconden tus sábanas.

¿Cómo se escribe
desde el silencio
cuando las palabras no tienen cicatrices
y he olvidado el sonido de unos tacones
que apresuran su paso sobre las tumbas medievales,

con nombres en latín y perfiles
                                        cada vez
                                                        más ausentes?

¿Cómo se escribe
sobre lo que nos hemos pasado toda una vida olvidando?

EL CALLEJÓN

El callejón mide tanto solo cinco metros,
cinco estúpidos metros.

Ayer los medí.

Las calles llenas de farolas dibujan un círculo de kilómetros
que el callejón convierte en una carrera, un suspiro.

Callejón sin farolas y sin aceras, con puertas traseras
y las piedras abiertas a la curiosidad de tantos años.

Tan solo cinco metros para comunicar la casa de mi abuela
con los juegos y las intimidades de la habitación de mis primos.

Tan solo cinco metros de silencio y de risas contenidas,
de puños abiertos y el rojo de las miradas delatoras,
silenciosas,
sin aliento,
a la espera de la presa que se acerca,
que comienza una carrera de tan solo cinco metros,
de cinco interminables metros,
sin aliento,
con los ojos cerrados.

Con el tiempo,
no duelen tanto las collejas ni los golpes,
ni el nauseabundo hedor del insulto gritado a los lejos

o la pregunta que es
siempre
la misma y
siempre
sin respuesta.

Con el tiempo,
solo queda el tacto de la cruz de tiza
en la espalda certera del abrigo recién comprado,
el esconderse para borrar las huellas, el indicio de tanto insulto,
y el dolor al apretar los dientes, morderte los labios,
pellizcarte en la cuenca lunar de los muslos,
todo,
todo,
todo,
antes que derramar una sola lágrima.

MANOS

No recuerdo cómo eran las manos de mi padre.
No recuerdo el tacto de sus dedos en mi cara
ni el rojo de los pocos cachetes que tuvo que darme.

Las manos de mis tíos eran fuertes,
grandes,
endurecidas.
Acostumbradas a la escarcha de los amaneceres
y al sudoroso calor de las eras circulares.
Las manos de mis tíos eran parcas en saludos y en caricias,
desconfiaban del contacto si no era el de la tierra,
el del viento de la madrugada,
o el del trigo y la cosecha.

No imagino las manos de mis tíos en las mejillas de sus mujeres,
acariciando sus pechos o entrelazando sus dedos por la noche.

Manos como una herramienta: la prolongación de la azada.
Manos para atar las hierbas nacidas de la guadaña.

No recuerdo cómo eran las manos de mi padre.

Las manos de mi madre son pequeñas y de uñas rojas.
Manos para embellecer el mundo con sus gestos,
con el balanceo marítimo de su máquina de coser.
Las manos de mi madre se adentran en los vestidos
con la precisión microscópica de un cirujano.

Manos como agujas que se clavan en el pañuelo del recuerdo,
manos para hilvanar, para iluminar el misterio de las costuras
más allá de los pespuntes, los bajos y las hombreras.

Escribo que no recuerdo las manos de mi padre
cuando siento la caricia de las manos de mi madre
sobre mis manos.
Dos gotas de agua encima de la mesa.
Dos manos que están envejeciendo juntas,
que comienzan a compartir enfermedades heredadas
y un mismo perfil y unas mismas uñas.

CONFESIONARIO

1.

En el principio, tuvo que haber existido un día.
Una primera hora. Un primer minuto.
Ese instante en que tus diminutas manos
sintieron
por primera vez
el calor
de aquel miembro que,
entre la longitud de tus dedos,
no dejaba de crecer y de volverse mármol.

No era un juguete,
aunque tenía forma de juguete.

No recuerdas si fue de día o por la noche.
Ni el lugar.
Ni los detalles.
Ni si el gesto
vino acompañado de una sonrisa o de una amenaza.

Pero aquel calor
permanece en tus manos.

Aquel calor inesperado,
aquel tacto duro,
aquel secreto.

Hasta ahora.
Hasta este instante.
Hasta este justo momento.

2.

Soñabas con él casi todas las noches
—acompañado tan solo por el ronroneo de nuestro gato a tus pies,
el único que sabía de tus temblores
                                        y de nuestros deseos.

Soñabas con él sin saber qué soñar,
sin imaginarte lo que era soñar con un hombre.

Soñabas
        quizás
                con verle desnudo,
con poder acariciar aquel pecho de olores de campo,
siempre intuido tras inoportunas camisas de cuadros.

Soñabas
        tal vez
                con compartir sus risas y,
                                        en tu boca,
                                                hacerlas tuyas,
entrelazadas con su lengua y tus dientes de leche.

Soñabas
        sin duda
                con sus pies
                                que habían recorrido un mundo,
aquel mundo más allá de las calles de nuestro barrio,
por más que nunca se habían aventurado lejos de nuestro pueblo.

Soñabas con él todas las noches
hasta quedarte dormido,
y al despertar sentías tus manos ardiendo,
impacientes.

Como tu cuerpo.
Como el despertar inoportuno de tu cuerpo.

3.

Siempre te has preguntado cómo hubiera sido besarle,
sin saber lo que era,
en realidad,
un beso.

Un beso más allá del tacto inesperado de unas mejillas,
de unos labios que se tocan un instante
o del frío del espejo imitando aquellos otros besos
de las películas compartidas en el comedor de casa.

Aún
hoy
siento el tacto repentino de su cara,
el pinchazo en los dedos de esa barba cabezona
que se empeñaba en ensombrecer su perfil.
El gesto esquivo de sus manos sobre tu cuerpo
y el aliento pesado mientras permanecíais juntos.

Siempre
me he preguntado cómo hubiera sido besarle,
si el olor de su lengua sería como el de sus manos,
el de su cuello, al que no dejabas de mirar, hipnotizado,
cuando se daba la vuelta y en un gesto de pudor
se limpiaba, alejando
de ti
toda mancha,
todo pecado.

Siempre me he preguntado
cómo pudo haber sido aquel primer beso.

Pero nunca supiste del tacto de su lengua.
Ni el de su cuerpo.

y 4.

Nunca hemos hablado
nunca
de aquellos encuentros.
Nunca hemos vuelto a sentir en las manos abiertas
la entrega de aquellas tardes entre olores de jara y tomillo.

Los gestos de los abrazos se han vuelto bruma
que ensombrece el amanecer de los lagos de la destrucción.

Las palabras que abrían el código de los encuentros
nunca fueron pronunciadas.
Nunca más
recorrieron nuestros labios,
si es que,
alguna vez,
en aquellos meses,
lo hicieron.

Éramos vecinos.
Nuestras rutinas se mezclaban con el olor de la cocina
y el ritmo incansable de la máquina de coser de nuestra madre.

A pesar de los muros y de las ventanas cerradas,
a pesar de los años que nos separaban,
compartíamos un mismo patio y las mismas esquinas.

Estábamos siempre juntos porque no había otro lugar donde estar,
porque las puertas siempre estaban,
entre nosotros,
abiertas.

Pero un día se cerraron.
Las puertas y los encuentros.

Un día el campo volvió a ser solo campo de jara y de tomillo,
y las sombras de los árboles dejaron de ser un refugio
y los ruidos de una rama, una amenaza impertinente.

Y tus manos volvieron a ser simples manos de uñas mordidas
y de metas conquistadas en cada uno de los ejercicios
que acababas en las tardes interminables de los deberes.

Un día dejó de buscarte la mirada cómplice.
Una tarde, el patio volvió a ser solo un patio
y el balón recuperó el gesto certero del gol.

Y entonces te quedaste callado.
Con las manos frías.
Con palabras de ausencia arañándote la garganta.

En silencio.

Como
en silencio
os encontrabais en el campo.
Como
en silencio
nunca más
volviste a verlo.

SAN SEBASTIÁN

Una escultura más en la penumbra de la iglesia.

Una escultura que no merece un lugar de honor en el altar
al lado de los evangelistas o de las lágrimas
que siguen recorriendo los ojos vírgenes de la Asunción.

Una escultura más en uno de los altares de la iglesia,
escondida entre columnas barrocas y telarañas repetidas
de varias generaciones entre rezos y flores de plástico.

De espaldas al cura.
                                        De espaldas a las beatas.
De espaldas a los hombres de los últimos bancos
y a las risas contenidas en los rincones del coro.

Una escultura que podías venerar cada domingo
sintiéndote protegido por el gesto de la devoción.

Miradas que
                    nunca
                                  se cruzaron con otras miradas.

Y esa escultura de músculos blancos y tensos,
de esa flecha clavada en un pecho entregado
y unos labios entreabiertos
                                                en el instante
de sentir el placer de la carne traspasada,
llenó de luz los desmayados gemidos de tu infancia
y las horas intercambiables de los sermones olvidados.

Una escultura que creció al ritmo de tu cuerpo
y que se llenó de detalles a medida que tus ojos
se atrevieron a desnudarla de todos sus ropajes.

Una escultura con sus pies desnudos, entrelazados.

Una escultura con sus manos atadas a la espalda.
Unas venas que dibujaban cartografías desconocidas
en la tensión de unos músculos en el instante de la entrega.

Una escultura que dejaba intuir bajo la tela minúscula
un templo de columnas a punto de ser derribado…

Como tú, escultura en la penumbra de tu habitación.

En la misma habitación en que te despertabas todos los días,
compartiendo el mismo polvo, las mismas telarañas
y las mismas columnas barrocas,
                                                            siempre retorcidas,
junto a aquella escultura repetida en las ceremonias dominicales
y siempre presente
                                    a cada momento
                                                                    a lo largo de la semana.

De espaldas a tus padres.
                                            De espaldas a tus amigos.
De espaldas a las visitas que llenaban de preguntas
y del amargo olor de la colonia barata los pasillos de tu casa.

Y aquella escultura de madera de San Sebastián
era
        en tu habitación
                                        medida de tu verdadera estatura,

como verdadera era la flecha que deseabas que atravesara tu pecho,
y que, entre tus músculos blancos, se perdieran unas manos,
y aquel beso entreabierto de unos labios interrogantes
que no podían dejar de sonreír
                                        y de mirarte
                                                        en el momento de la entrega.
Y entonces,
            solo entonces,
                                    serías algo más que una escultura,
olvidada en un lateral y cubierta del polvo de la ausencia,
ajena a las miradas de tu madre
                                        y a la repetición de las lecciones en la escuela.

Algo más que una escultura condenada a los rincones y a las esquinas,
al teatro de los gestos corrientes ensayados por la mañana,
a la negación cotidiana,
                                a la impostura,
                                                a la mentira,
a ese yo que te niega en el reflejo de los espejos,
a ese tú que ha ido creciendo con tus cumpleaños
atado al tronco de los lugares comunes
                                                y atrapado en la derrota.

Siempre en la penumbra,
                                siempre entre flores de plástico.

Siempre ausente en lo más profundo de los armarios,
hasta este instante,
                        hasta este renacer en la escritura.

MI COLCHA DE VERSOS

Sin saberlo,
me estaba cosiendo una colcha de versos
para cuando llegara el frío más allá de la infancia.
Porque el frío siempre llega.
                                        Siempre está acechando
en las ventanas que no aprendieron geometrías
o en las puertas que nacieron,
                                        en realidad,
                                                        para otras casas.

A los niños pobres,
a los niños que hemos vivido alrededor del círculo
de una mesa de camilla con su pañito bordado a mano
nadie nos tiene que explicar qué cara tiene el frío.
No necesitamos ver imágenes en los libros para reconocerlo
en el dolor puntiagudo de los sabañones digitales
o en los labios morados, las rodillas ruborizadas
o en esos juegos absurdos con que nos calentábamos las manos.

El frío.
        Y el silencio.
                        Siempre ese frío que nos volvía mudos.

Como tú,
        sin saberlo,
                        yo también estaba buscando un desnudo,
toro y sueño que junte la rueda con el alga.

En la casa de mis padres había un puñado de libros.
Literalmente se podían contar con los dedos de una mano.
Libros de colecciones que llenaban de sorpresas los quioscos
y que eran una iluminación en los rincones nocturnos de la lectura.
Nunca hubo libros heredados en las estanterías de mi casa.
Como tampoco hubo cuadros o juegos de tenedores de plata.
En las paredes aburridas del salón de mi infancia
un ciervo intentaba salvarse del ataque de una jauría
y,
    sin duda,
                    una gitana imitaba el arte del flamenco
sobre el altar de una televisión siempre encendida.

Pero,
        de pronto,
                        llegaron los versos,
los hilos de los versos con los que fui cosiendo mi colcha
de lecturas rutilantes y de secretos intuidos solo ante el espejo.
Y,
    de pronto,
                    soñaba *ser un río y dormir como un río*,
y la colcha iba creciendo al ritmo de mis dedos
y la cama se iba haciendo cada vez más pequeña,
y mis pies y mis brazos crecían tan solo para dormir
con aquel camarada que pondría en tu pecho
un pequeño dolor de ignorante leopardo.

Y,
    de pronto,
                    llegaron para salvarme los versos de Federico
y las barbas de mis sueños se llenaron de flores,
y la colcha de mis lecturas tomó la forma de un viejo
al que todos reconocían con el nombre de Walt Whitman.

Y tú, bello Walt Whitman, duerme a la orilla del Hudson
con la barba hacia el polo y las manos abiertas.

Y aquel niño temblaba al leer estos versos que no entendía,
pero que habían sido escritos para mí en un Nueva York
que tardaría toda una vida en volver para rendirle homenaje.
Como tampoco entendí
nada
de *La peste* de Camus por aquellos años,
aunque quedé deslumbrado por la música que salía de mis labios
cuando lo leía en voz alta,
solo,
en la mesa de camilla
entrelazando mis soledades con los deseos de Cernuda.

Si el hombre pudiera decir lo que ama,
si el hombre pudiera levantar su amor por el cielo,
como una nueva en la luz.

Y ese hombre era yo,
los cientos de yo con los que me dormía
en la sonrisa multiplicada de los versos heridos de memoria.

Y pasados los años,
llegó el abrazo necesario de Gil de Biedma
o la compañía diaria del joven fauno Luis Antonio de Villena.

Imagínate ahora que tú y yo
muy tarde ya en la noche
hablemos, hombre a hombre, finalmente.

Y no necesitaba los cuadernos donde anotaba los poemas
porque dormía con ellos,
de hombre a hombre,

arropado por el peso cálido de mi colcha de versos
que iba creciendo al ritmo de las uñas de mi impaciencia.

Y pasados los años,
y mezclados mis versos con los vuestros,
olvidados muchos de ellos en la caja frágil de mi memoria,
aún conservo,
como un tesoro,
mi colcha de versos,
con la que me abrigo
todavía hoy,
cuando hace frío.

¿Asentir? ¿Negar? Sé bien que se murmura.
Pero yo no hago caso. (Y no se escandalicen los prudentes).
Que toda vida que se vive plena es vida para escándalo.

¿Asentirme entre tantos murmullos?
¿Negarme, aquí y ahora,
que dialogo,
hombre a hombre,
con los hilos de versos
que han hecho inmensa mi colcha,
estos cuadrados de versos,
con los que me abrigo en el invierno de mi vida,
en este invierno en que
siempre
termina por hacer frío?

Porque siempre hace frío en los pies alejados de la mesa camilla
o en los besos infantiles que nunca fueron correspondidos.

Escribo estos versos con la calefacción central encendida
y con las paredes de mi casa forradas de libros antiguos,
de los lomos que reflejan la sonrisa de los amigos.

Pero solo la colcha infantil de los versos descubiertos
en las páginas caídas de los libros de literatura
me salva de este frío,
de este frío de *hombre de mirada verde.*

Como una amenaza.
Como un recuerdo.
Como un destino.

El frío de los versos que
entonces
nunca me atreví a escribir
y que
hoy
se vuelven nuevos hilos para mi colcha de versos.

LA PRIMERA VEZ

Fue en un caserón abandonado detrás de la iglesia.
O quizás solo era una casa abandonada,
una desconocida casa detrás de la iglesia.

Solo recuerdo que me pareció entonces enorme,
que recorrimos habitaciones y pasillos vacíos,
sin muebles ni recuerdos.

Solo excrementos en las esquinas y alguna que otra rata muerta
(siempre he querido pensar que estaban y seguirán estando muertas).

Cualquier ruido era una amenaza y una señal.
Y aquella casa abandonada detrás de la iglesia parecía estar viva.
Una vida plena de posibles encuentros al final del pasillo.
Nunca nos aventuramos a subir al piso de arriba.
En realidad, nunca volvimos después de aquel primer encuentro.

Como nunca imaginé que pudiéramos tener tanto valor.
O tanto deseo.
O tanto miedo como para reconocerlo.

Pero allí estábamos los dos,
aprendiendo juntos a sentirnos adultos,
a imitar gestos que veíamos en las películas o en las reuniones familiares.

Nunca supe quién nos habló de aquella casa abandonada detrás de la iglesia.
O si realmente fue un descubrimiento.
O una casualidad.

Solo sé que una tarde,
a la salida programada del colegio,
una tarde como otra cualquiera, en el autobús de siempre,
ninguno de los dos volvió
como siempre
a su casa,
a sus deberes cotidianos y a los cotidianos sabores de la merienda.

No recuerdo que lo habláramos o que lo tuviéramos planeado.
¿Cómo planear o cómo hablar de lo que solo era un deseo?

Lo único que sabíamos era que necesitábamos mantener
el contacto de nuestras rodillas más allá del autobús,
el gesto de complicidad y la silueta inocente de una caricia.

Entramos en aquella casa
en silencio
y en silencio
intentamos besarnos,
juntar nuestros labios y sentirnos respirar,
con un mismo corazón que no dejaba de temblar,
como temblaban nuestras manos al desnudarnos,
mientras íbamos disfrutando de nuestros cuerpos
más allá de las miradas furtivas en los vestuarios.

Y entonces me atreví a acariciarte el pecho,
a sentir tu corazón estallar bajo tu piel suave,
la más suave piel que nunca disfrutaron mis manos.

Y entonces te atreviste a bajarme los calzoncillos,
a sentir cómo mi piel se volvía piedra entre tus manos.

Y entonces lo sentí por primera vez.
Y entonces lo sentimos por primera vez.

Los dos sorprendidos ante el descubrimiento.
Nadie nos lo había contado.
En ningún lugar
                lo habíamos leído o visto.
Y nunca
        lo habíamos podido escuchar en las reuniones familiares.

Entonces mi cuerpo se abrió como un volcán,
y el fuego fue avanzando por torrentes vírgenes
hasta derramarse en medio de aquella habitación vacía,
llena de excrementos y de ratas muertas.

Nunca olvidaré la forma de tus labios,
                                        la expresión de tu cara,
esos ojos abiertos y tu silencio y el ruido de los calzoncillos,
de los pantalones y de la camisa de cuadros
volviendo al orden cotidiano de nuestros cuerpos.

Nunca volvimos a aquella casa abandonada detrás de la iglesia.
Nunca volvimos a sentarnos juntos en el autobús.
Nunca volvimos a hablarnos.

NO ES FÁCIL

No es fácil tener quince años
y que te guste la poesía.
No es fácil tener quince años
y que te gusten los hombres
y que te escondas en los rincones a escribir
unos poemas con los que vas descubriendo el mundo,
describiendo sus esquinas y sus detalles más certeros,
aquellos que siempre permanecen ocultos en los espejos.

En silencio.
En secreto.
En la negación
continua
y en el miedo a ser descubierto.

Yo nunca tuve un diario, como muchas de mis amigas
(tampoco era de hombres eso de escribirse por las noches)
pero aquellos cuadernos secretos
de los versos febriles lo fueron,
se convirtieron en mi diario, en la incompleta
geografía del mundo que se abría ante mi curiosidad
con la exactitud de la lente de mi microscopio infantil.

En silencio.
En secreto.
Con el miedo a ser descubierto.

Como en silencio,
como en secreto,
como en el miedo a ser descubierto
había amado a algunos de mis compañeros de pupitre y de patio.

Como los seguía amando en silencio,
en secreto,
con miedo,
ahora que había comenzado a fundirse mi cuerpo
con las manos calientes en una casa abandonada detrás de la iglesia.

No es fácil intentar comprender el mundo
en silencio,
negándote a cada instante
y en cada momento
querer ser otro,
ese otro que vive en los consejos de tus padres.

No es fácil
necesitar escribir poesía
en silencio.
Llenar esos cuadernos inexpertos, esas hojas temblorosas
y saber que estos versos siempre serán anónimos,
por más que recuerdes
el instante
de su escritura,
el volcán de emociones al encontrar el adjetivo
que cobraba sentido más allá de la gramática
que don Lucio se empeñaba en enseñarnos en clase.

No es fácil
querer vivir en ese mundo de palabras nuevas,
querer sentir cerca aquellas manos y aquellas piernas
que dejaban caer gestos de complicidad que nunca serían una caricia.

No es fácil
ser joven
y eso se aprende con los años,
pero tampoco lo es ser joven y contemplar el pequeño mundo
al que puede aspirar la longitud de tu mirada
y que te guste
escribir poesía,
y que te gusten
tus compañeros de clase
y los hombres que salen sudorosos en la tele.

En silencio.
En secreto.
Con miedo
y vergüenza
a ser descubierto
mientras escribes un poema de amor
y sueñas que
un día
lo tendrá entre sus manos tu compañero.

UNA NOCHE EN METRO

Fue en Barcelona.
Una noche de cumpleaños y de deseos
soplados en las risas compartidas de las velas.

Y una copa en la mano y la otra mano como tonta,
como si se hubiera quedado en
un instante
dormida,
como si no recordara la función multiplicadora de los dedos.

Cerca de la barra del bar,
a tan solo un metro,
dos lenguas se buscan
y se encuentran
en un beso,
dejando a un lado la distancia de las palabras
y las caricias furtivas de unas manos solitarias.

Su primer beso.
El beso tantas veces buscado
entre las páginas de las revistas escondidas debajo de la cama.

Mi primer beso.
El primer beso lleno de siluetas.
Los primeros labios que veía,
a no más de un metro,

que se volvían uno
y una era la lengua compartida,
más allá de las fotografías
y de las películas prohibidas
que solo podían verse desde los baños del cine Carretas.

Nuestro primer beso,
el primer beso público,
cotidiano
que yo veía
por primera vez,
a tan solo un metro.

Al final de las escaleras, estaba el baño.
En Barcelona.
Y en frente, unas cortinas de plástico.
A tan solo un metro.

Y me cogiste de la mano,
de esa mano como dormida,
y en la otra una copa, que, a cada sorbo, se volvía más ausente.

Y me llevaste más allá de la cortina de plástico,
abriéndote paso por las trenzas boquiabiertas del deseo.

De vez en cuando, nos sorprendía el fogonazo de un mechero,
que repartía,
por un segundo,
un catálogo de sombras recortadas,
ante la curiosidad de unos ojos,
de unas manos,
de un cuerpo que volvía,
al instante,
a quedarse ciego.

Y entonces,
me soltaste la mano.
Y entonces,
mi corazón se encabritó como una manada de caballos.

Tan solo permanecí allí,
tan solo,
unos segundos.

Unos segundos
antes de volver a salir a la luz,
a tu sonrisa interrogante, a tu copa vacía en la mano,
y a aquel beso,
que seguía siendo mi primer beso,
a un metro de mí,
a un metro de la cortina de plástico,
de aquellas sombras que,
por un segundo,
fueron labios abiertos,
un pecho acariciado y unas manos exploradoras
que encontraron en mi mano muerta la resurrección
del sexo, el aliento
cada vez
más ardiente de las piernas
y unos pantalones vaqueros por los tobillos,
y una mano con la copa cada vez más vacía, más vacía, más…

Fue en Barcelona.
A un metro de una plaza de la que no recuerdo el nombre.

ESCAPARATES

Hay otra ciudad más allá de la ciudad que habitas.

Más allá de las avenidas perpendiculares y de las aceras
que van marcando el paso subterráneo de las hormigas.

Una ciudad
que no ha olvidado ni sus arroyos ni sus fuentes,
ni los prados por los que paseaban los carruajes al atardecer,
ni el polvo de los sombreros o el lenguaje secreto de los abanicos.

Una ciudad
de olores de otoño y de sabores de verano,
donde la primavera es más que un cartel de colores repetidos
y el invierno sabe a castañas y al dolor inoportuno de los sabañones.

En esa ciudad
siempre
terminamos por encontrarnos
en el círculo incompleto de las miradas entrelazadas de los escaparates.

Una acera cualquiera.
Una tienda olvidada y un cristal
abierto al estallido
de un gesto compartido
entre la ocasión y el miedo.

No hacían falta las palabras.
Sobraban todas las palabras desbordadas de gramática.

Solo era necesario un instante.

El instante
de la mirada intercambiable en el centro del ojo de un escaparate,
el del interés desmesurado por un artículo que apenas se intuía
y que era sombra de las sombras con las que compartíamos acera.

El instante
de volver sobre los pasos ya recorridos
y hacer de estos pasos el ritmo de un corazón galopante
y volver la cabeza a la espera de otra cabeza que se vuelve
y en sus labios una sonrisa,
el boceto de lo que será una sonrisa.

Y los escaparates se volvían lugares propicios para el amor
y las aceras recuperaban el olor ansioso de las amapolas,
y las terrazas sentían cómo explotaban los geranios rojos
y se llenaban de palmeras los rincones oscuros de los parques.

Hay otra ciudad más allá de la ciudad que habitas.

Y en ese instante nuestro paso se volvía uno
y uno era el deseo.

Y una
la esperanza de un beso de esos labios mudos,
que aún permanecían mudos después del saludo interrogante.

Sin palabras.
Siempre
sin palabras.

Y en el escaparate,
éramos un solo cuerpo reflejado.
Como un solo cuerpo seríamos minutos más tarde
entre las sábanas arrinconadas de una cama desconocida
o en las esquinas de un baño llenas de pañuelos blancos.

No importaba.
Nunca importa.

Y mientras tanto un nuevo deseo se refleja en resucitados escaparates
en esta ciudad que existe más allá de la ciudad que habitas.

Y en aquel inaugurado reflejo de miradas oscilantes todo cobra sentido:
Como aquellas aceras cubiertas de jeringuillas y de despedidas,
que,
a nuestro paso,
se llenaban de girasoles interrogantes.

Como aquella otra ciudad de renuncias
en que trabajábamos,
en la que éramos
tan solo
un número y el letrero ilegible en una puerta;
esa ciudad que,
por un instante,
resucitaba en el calor de nuestros cuerpos
y en la libertad triunfante de nuestras caricias a flor de piel.

Hay otra ciudad más allá de la ciudad que habitas.

Una ciudad de escaparates sudorosos y de miradas que se multiplican
en los anuncios que te buscan desde las marquesinas de los autobuses.

AQUELLOS OJOS MÍOS DEL 2003

¿Dónde estabas aquella madrugada cuando murió Terenci Moix?
¿A qué otro Ramón estabas siguiendo el rastro
o en qué risas intentabas columpiar tu deseo?

Los laberintos te llevaban a rincones de sombras
mientras Terenci agonizaba entre las sábanas de seda
que un día acariciaron el perfil griego de Enric Majó,
que lo vieron llorar en la venganza de los titulares.

¿Acaso recuerdas ahora los lomos de los libros
que escondías debajo de la cama, tu biblioteca clandestina,
donde Terenci era la Cleopatra que todo lo llenaba de arena,
incluso aquellas garras de astracán que nunca usaste?

El pequeño Ramón ha vuelto a su cuarto de la infancia,
a correr por las calles de una Barcelona perdida en el olvido
como ya nadie se acuerda de las noches en Boccaccio,
ni de las cuentas millonarias en los restaurantes,
ni de los dedos y los pulmones evaporados en el humo
de los miles de cigarrillos que se amontonan
en las curvas de las carreteras de los ceniceros.

¿Dónde estabas aquella madrugada en que Terenci
dejó de inventarse una vida en las orejas señoriales de la Espert?

Nadie recordará el dolor de pies de su hermana Ana María
cuando esperaban juntos
durante horas
para entrar en el cine
después de haber estrenado,
un año más,
zapatos nuevos.

Y no te acuerdas porque aquella madrugada no estabas.
Ni estás.
No conservas ni un recuerdo de la mañana
en que la noticia inundó de negro todos los periódicos,
ni la voz de Terenci, ese último gesto de fumarse la vida
en el aplauso final antes de caer el telón de la ópera,
como aquellas tardes que pasaba entre putas cerca del Liceo,
recibiendo mimos mientras no dejaba de contarles historias.

Y no te acuerdas
porque
por entonces
no eras.

Porque leías a Terenci en los callejones del asombro
y lo negabas en las avenidas de la indiferencia.

No lo recuerdas porque entonces no eras tú.
Sabías que no eras tú,
sin saber quién eras todavía.

Y, sin saberlo, seguías buscando un nuevo Ramón
mientras no dejaban de crecer las torres de la Sagrada Familia,
y Terenci moría en su cama de sábanas de seda soñando un titular,
la hermosa foto de su funeral en la primera página de los periódicos
y el gesto ensayado en la apertura de todos los telediarios.

Y tú
mientras tanto,
mientras Terenci se moría de madrugada,
ensayabas la sonrisa de Marilyn perdido en algún laberinto
sabiéndote amo y señor en el desierto de las pirámides.

Pero nada recuerdas,
en realidad,
nada de aquella madrugada
en que Terenci murió dejándote,
para siempre,
huérfano.

ARMARIOS

Mi abuela tenía un armario al final del pasillo.
Un armario océano,
                de madera brillante
y un espejo en cada una de sus puertas.

Fue el regalo de la madre de mi abuela el día de su boda.

Nunca fui de vestirme con la ropa de otros
ni de buscar máscaras en el maquillaje
—aunque sí que le robé el perfume a mi madre
en algunos días de fiesta,
                a la puerta de la iglesia.

Pero aquel armario,
                el primer armario de mi vida
estaba lleno de cajones,
                y en cada uno de ellos se escondía
una historia familiar, un recuerdo de suspiros olvidados.

Mientras mis vecinos corrían detrás del balón,
o se escondían en el frontón para fumarse su primer cigarrillo
o intentar completar el inexperto círculo de una caricia,
yo me perdía en la geografía océano de aquel armario,
me encerraba en el nuevo territorio conquistado
y comenzaba,
        en un rito heredado,
                a abrir los cajones

uno a uno,
poco a poco,
con la ceremonia
que imitaba la del cura al alzar el cuerpo de Cristo.

Y siempre descubría un nuevo tesoro:
una carta
escondida al fondo, debajo de los manteles de Navidad,
o una fotografía de una sonrisa para todos desconocida,
de un uniforme que nunca colgaba en las paredes.

Aquellos veranos en casa de mi abuela,
dentro del armario,
conservan el olor a alcanfor y el silencio
de las historias que solo unos pocos recordaban,
como la mina de oro de la abuela de mi abuela,
de la que solo quedaba el recuerdo de unas escrituras
olvidadas en el último de los cajones del armario
—y que un día convertí en una colección de sellos
y en gritos de reproche de mis tías solteronas.

Mi madre solo tenía un armario en su habitación.
Un armario que desapareció en la primera mudanza.
Un armario de madera barata y de cajones vacíos.

Los armarios de mis casas siempre fueron pequeños.
Demasiado pequeños para conservar secretos.
Armarios que terminaron siendo empotrados,
como ausentes,
prácticos,
que compartían paredes forradas con los pasillos.

Armarios sin espejos en sus puertas blancas, oscilantes.

Armarios que,
como mucho,
esconden el misterio
de un calcetín huérfano o de esa camisa a cuadros
que siempre aparece en un rincón, con olores de infancia
y al primer beso
nervioso
detrás de los árboles,
con la resina todavía fresca en la punta de los labios.

Y poco más
puedo decir
de los armarios de mi vida.

Y poco más
quiero decir
ahora que se han vuelto transparentes.

EL HOMBRE QUE YO AMO

Gracias a la vida que me ha dado tanto.
Me dio dos luceros, que cuando los abro
perfecto distingo lo negro del blanco
y en el alto cielo su fondo estrellado
y, en las multitudes, al hombre que yo amo.
VIOLETA PARRA, *Gracias a la vida*

El hombre que yo amo
tiene las manos grandes.
Manos que pudieran ser de panadero.
Manos confundidas con la tierra
y que de la tierra sacan sus mejores frutos.
Como ahora
de los libros.
Como ahora
de mi cuerpo.

El hombre que yo amo
conserva preguntas infantiles en la mirada.
Sus ojos brillan tras las gafas de sol
cuando me miran en la distancia
del primer encuentro.
Y ahí está siempre.
Sonriendo.
Sonriéndome.

El hombre que yo amo
tiene los pies grandes
e impacientes.
Han recorrido continentes de ilusiones
con su furgoneta blanca y los decorados
de las funciones del gato con botas.

Por la noche, estiro mi pie izquierdo
con el deseo de encontrarme en la orilla de la cama
la silueta de arena de su pie derecho.
Y así me duermo.
                                        Con sus pies.
                                                                Abrazado.

El hombre que yo amo
sabe mezclar olores en la alquimia de los pucheros
recordando platos de una infancia recuperada
en el hilo de las recetas de su madre, de sus tías,
que
        en sus dedos
                                        se vuelven postales
enviadas al paladar de los encuentros familiares.

El hombre que yo amo
se conoce el nombre de todos los músculos
y les habla con la paciencia infinita
del padre cuando levanta arrogante las pesas
y cuenta paladeando cada una de las repeticiones.
Los kilómetros que ha nadado en la piscina
le dan para recorrer varias veces el cinturón del mundo.

El hombre que yo amo
me sonríe cuando me descubre al amanecer
durmiendo abrazado a uno de sus costados.
Y me vuelve a sonreír cuando estamos lejos
y su sonrisa siempre está
                                                    aquí y ahora
                                                                        a mi lado,
por más que los kilómetros sean esa serpiente
que termina por enroscarse con nuestros pies entrelazados.

El hombre que yo amo
besa como los ángeles
—los ángeles antes de volverse demonios—
con besos profundos, largos, exploradores,
como queriendo llegar a ese yo interior
que solo a nosotros mismos descubrimos
en los días de tormenta y de flores abiertas.

El hombre que yo amo
tiene la barba y el pelo blancos.
Me gusta espiarle cuando se mira en el espejo,
cuando se busca arrugas de otro tiempo
y le sonríe satisfecho a ese otro que nunca conocí
y que se quedó solo con su pelo negro,
sus manos pálidas y su sonrisa de invierno.

El hombre que yo amo
pasea a mi lado por las aceras de la ciudad.
A dos centímetros de mi deseo.
De vez en cuando nuestras manos se tocan
y se sienten arder en el encuentro.
Pero nunca paseamos de la mano.
                                        Todavía no.
Nunca desde que nos gritaron en la calle.

El hombre que yo amo
siempre estuvo aquí, a mis espaldas,
sin completar
            nunca
                  el círculo de una mirada.
Solo fue necesario un gesto —y su insistencia—
para que nunca más nos separáramos,
para seguir juntos, como siempre lo habíamos estado.

COLOFÓN. SOMOS NOSOTROS

Pasan lentos los días
y muchas veces estuvimos solos.
Pero luego hay momentos felices
para dejarse ser en amistad.
Mirad:
Somos nosotros.
JAIME GIL DE BIEDMA, *Las personas del verbo*

No saben lo que hemos sufrido hasta conquistar este gesto.

Y no es necesario.

Su gesto nace de la cotidianidad compartida
y en la cotidianidad
de cada día
ha de tener su horizonte.

Tiene que ser una tarde cualquiera,
de cualquier mes y de cualquier semana,
y en los bancos
de cualquier parque de escaleras universitarias.

Y en el último escalón, en el ritmo cotidiano
de los gestos convertidos en partituras diarias,
las manos se entrelazan y comparten el camino,
libros, fichas
y alguna que otra sonrisa cómplice.

Tiene que ser al final de cualquier clase,
ni la más recordada ni una de las más aburridas.
Un caminar entre los edificios y un descanso
antes de la despedida diaria en la biblioteca.

Y unos minutos sentados los dos en el banco.
Y unos minutos con las manos entrelazadas.
Y unos minutos de sonrisas y de confidencias
y de unos labios que se buscan…
… y que se encuentran.

Tiene que ser un beso más en cualquier parque.
Un beso
como otro cualquiera.
Tan solo un beso.

Un beso sorprendido en lo alto de la escalera
con las manos desbordantes de libros y de proyectos,
de carteles y una libreta roja llena de versos.

Como todos los días.
Como un día cualquiera.

Pero ese beso sorprendido es algo más que un beso:
son todos los besos que se quedaron tiritando
en los bancos cotidianos de nuestros parques.

Son todos los besos que te di en el espejo
alejado del calor de la silueta de tus labios.

Para llegar a este beso,
a este beso que son todos los besos,
hemos tenido que acelerar el paso buscando esquinas,
hemos tenido que intercambiar miradas en los escaparates
y aguantarnos
y soportar la sangre en las imperfecciones
de las camisas y en los chistes baratos en las barras de los bares.

Hemos tenido que permanecer
sin pestañear
ante una bofetada
y a sonreír mientras nos clavábamos cilicios de vergüenza
en las carnes blandas de nuestro miedo cotidiano.

Pero todo ha valido la pena,
todo,
todo,
todo,
ante este beso que son todos los besos,
ante este gesto cotidiano,
olvidado,
ante este beso que es ahora,
por fin,
todos nuestros besos.

Índice

Esta obra
se acabó de imprimir
con los auspicios de
Charo Fierro y
Antonio J. Huerga, editores

FINIS CORONAT OPUS